Las selvas

Yvonne Franklin

Las selvas

Asesores en ciencias

Scot Oschman, Ph.D.
David W. Schroeder, M.S.

Créditos

Dona Herweck Rice, *Gerente de redacción*; Lee Aucoin, *Directora creativa*; Timothy J. Bradley, *Responsable de ilustraciones*; Conni Medina, M.A.Ed., *Directora editorial*; James Anderson, Katie Das, Torrey Maloof, *Editores asociados*; Rachelle Cracchiolo, M.S.Ed., *Editora comercial*

Teacher Created Materials
5301 Oceanus Drive
Huntington Beach, CA 92649-1030
http://www.tcmpub.com
ISBN 978-1-4333-2146-7

Tabla de contenido

Entremos al bosque

Caminas por un sendero rural. El sol brilla y se siente cálido sobre tus hombros. Mantienes la vista en el terreno que tienes por delante mientras oyes el trinar de los pájaros.

Al caminar sientes que algo cruje bajo tus pies. Es la hojarasca, las hojas secas que caen de los árboles. El suelo está cubierto de hierba y pequeñas plantas.

Sigues en el camino. Ahora notas que está un poco más oscuro. El aire es más fresco. Las hojas debajo de tus pies están húmedas, en proceso de putrefacción. Levantas la vista. Estás rodeado de árboles. Una ardilla se escurre por el tronco de un árbol. Las aves cantan en las ramas sobre tu cabeza. Y ahí, justo frente a ti, una pequeña araña negra teje una gran telaraña. La tela se extiende entre dos árboles. La observas de cerca y notas el cuidadoso trabajo de la araña.

Te das cuenta ahora de que entraste a una **selva**. Es un lugar fresco lleno de árboles, plantas y vida silvestre. Todo es de colores verde, café y azul, con salpicaduras de otros colores mezclados en medio. El sonido del viento, el agua, los animales y el murmullo de las hojas llenan el aire.

¿Bosques o selvas?

Los bosques y las **selvas**, ¿son lo mismo? Un bosque es una selva pequeña.

Clases de selvas

Hay tres tipos principales de selva. Están las tropicales (cerca del Ecuador), las boreales (muy al norte) y las **templadas**.

Las selvas templadas, que también reciben el nombre de bosques templados, se distinguen por sus veranos cálidos y húmedos y sus inviernos fríos con heladas.

¿Cómo sabes que un determinado lugar es una selva? Después de todo, en casi cualquier parte puedes encontrar animales y plantas. ¿Qué hace que una selva sea una selva?

Cada sitio en el mundo forma parte de un bioma. Un bioma es una gran extensión de tierra o de agua. Sin importar dónde halles un tipo de bioma, tendrá la misma clase de animales, plantas, clima y paisaje que en cualquier otra parte del mundo. El desierto es un bioma. El océano lo es. La selva también es un bioma.

Esto no significa que todas las selvas sean iguales: las hay de diferentes tipos, pero tienen mucho en común entre sí. ¡Una persona nunca confundiría un desierto o un océano con una selva! Esto puede parecer obvio, pero tal vez no sepas explicar por qué no son lo mismo. Por ejemplo, es probable que creas que los desiertos son diferentes de las selvas porque tienen arena, pero las selvas pueden tener arena y no todos los desiertos la poseen. Podrías pensar que los océanos son diferentes porque contienen una gran cantidad de agua. Pues bien, las selvas también pueden tener mucha agua. No tienen tanta agua como los océanos, ¡pero sí una gran cantidad!

Entonces, ¿cómo se sabe si un lugar es una selva? Leamos un poco más.

¿Dónde se encuentran?

Las selvas templadas se encuentran en todo el mundo, pero principalmente en América del Norte, Asia y Europa.

Selvas y más selvas

Los **biomas** de selva cubren alrededor de una tercera parte de toda la tierra en el planeta.

¿Qué es una selva?

En el bioma de las selvas templadas, lo que verás en mayor cantidad son árboles y otros tipos de plantas. Las plantas crecen en capas. El nivel superior se denomina dosel. El dosel cubre las otras capas. Siempre que el dosel no sea demasiado espeso, la luz solar llegará a los niveles más bajos y les permitirá crecer.

Las plantas bajas cubren en parte el suelo de la selva. Este nivel se llama mantillo. Está formado por plantas tales como musgos y **líquenes**. Inmediatamente por encima del mantillo se encuentra la capa de helechos. En ella crecen helechos e hierbas. La capa de arbustos se halla justo arriba de ésta. Los arbustos son más pequeños que los árboles. Por lo general tienen varios tallos que se ramifican desde el suelo o muy cerca de él. La capa de arbustos se eleva unos pocos metros por encima del piso.

Entre los arbustos y el dosel se encuentra el sotobosque. El sotobosque se compone de árboles más jóvenes y más pequeños que los que se hallan en el dosel.

Diferencias entre las selvas

La selva lluviosa o pluviselva es un tipo común de selva, pero no es lo mismo que la selva templada. Por ejemplo, en la selva lluviosa el dosel es muy espeso, mientras que en la selva templada es abundante pero no tan denso.

selva templada

dosel

sotobosque

capa de
arbustos

capa de
helechos

mantillo

Si un lugar contiene muchos árboles y otro tipo de plantas, ¿podemos decir que se trata de una selva? No. También hay otras cosas importantes a considerar.

Sabrás que se trata de una selva templada si…

- hay muchos árboles y plantas sobre un área extensa.
- se pueden diferenciar fácilmente las cuatro estaciones del año.
- el clima no es extremo.
- hay un período vegetativo de entre 140 y 200 días al año.
- las lluvias se dan durante todo el año.
- el suelo es rico y **fértil** (las plantas crecen con facilidad).
- se encuentran muchos tipos de plantas y animales diferentes allí.

Durante el invierno, la temperatura puede descender a alrededor de -30°C (-22°F).

Desaparición rápida

Las selvas templadas alguna vez cubrieron grandes superficies de la Tierra. Hoy en día, sólo perduran pequeñas porciones de ellas. Muchas se despoblaron de vegetación para dar lugar a la construcción de viviendas, la instalación de empresas, la agricultura y también debido a la **tala comercial**.

En verano la temperatura puede subir hasta alrededor de 30°C (86°F).

Las estaciones del año en la selva

primavera

otoño

No todas las selvas templadas son iguales. Hay dos tipos principales: las **caducifolias** y las **coníferas**.

Una selva caducifolia se reconoce por sus colores otoñales. Las hojas de los árboles cambian de color en esta época del año. El color verde muta a tonos de amarillo, rojo, naranja y café. En invierno las hojas mueren y caen de los árboles. En la primavera crecen nuevas hojas y nuevos brotes. En el verano las hojas están crecidas y verdes.

Una selva de coníferas se reconoce por sus árboles de hoja perenne. Las hojas de la mayoría de los árboles de esta clase no cambian de color ni tampoco caen durante el invierno. Generalmente las hojas tienen forma de agujas. Los árboles permanecen siempre verdes. En la mayoría de los casos, sus semillas se encuentran en conos.

Agua

Al igual que en otros biomas, se puede hallar agua en las selvas. Llueve en todas las selvas, pero algunas reciben más cantidad de lluvia que otras. En muchas selvas hay ríos, arroyos y lagunas. Algunas selvas se extienden hasta la orilla de grandes lagos.

Las semillas se encuentran dentro de una piña como ésta.

agujas de coníferas

hojas caducas

Vuelta de hoja

¡Las hojas existentes en las selvas equivalen a alrededor de dos tercios de todas las hojas en la Tierra! Esto significa que dos de cada tres hojas de los árboles se encuentran en las selvas.

La vida en la selva

La selva está llena de una gran variedad de plantas y animales. Éstos viven juntos en **ecosistemas**. Un ecosistema es una comunidad formada por seres vivos junto con la tierra, el aire y el agua que necesitan.

Los animales y las plantas en un ecosistema se conectan en pirámides de energía. Las pirámides de energía muestran cómo se intercambia la energía entre ellos. Una fuente de alimentos intercambia energía con otra. Las plantas están en la base de la mayoría de las pirámides de energía. La mayor parte de los animales se alimenta con plantas. Algunos animales comen plantas y carne, y otros comen sólo carne.

Los animales son **consumidores**. Consumen, o comen, plantas y otros animales. El conejo, el ratón y el escarabajo comen algunas plantas. Toman los nutrientes y la energía de las plantas y los usan para vivir. Después, un puma podría comerse al conejo. Un búho o tecolote puede comerse al ratón y el escarabajo. El puma y el tecolote utilizan los nutrientes y la energía de los cuerpos de otros animales. Más adelante, un lobo o una manada de ellos podrían comerse al puma y al tecolote. La transferencia de energía continúa.

venado

Fauna

La **fauna** (vida animal) en una selva templada incluye venados, lobos, conejos, zorros, osos, pumas, ardillas, arañas, insectos, aves y muchos animales más.

madreselva

Flora

La **flora** (vida vegetal) en una selva templada incluye árboles tales como olmos, sauces, robles, hayas, abedules, arces, pinos, píceas, abetos y tsugas; también hay arbustos como la madreselva, el enebro, cornejos, aronias, zumaque y salvia, y otra vegetación como helechos, hierbas, musgos y líquenes.

Pirámide de energía

En algún momento el lobo morirá, y su cuerpo se pudrirá. Los **organismos descomponedores** tales como gusanos, bacterias y **hongos** descompondrán el cuerpo del lobo muerto. Utilizarán la energía del cuerpo y devolverán los nutrientes a la tierra. Luego, las plantas utilizarán los nutrientes para crecer.

La energía se comparte en cada escalón de la pirámide. Pero la mayor parte de ella se pierde al pasar de un nivel al siguiente. Los animales utilizan aproximadamente una quinta parte de la energía que se encuentra en sus alimentos. Observa la pirámide de energía en la página anterior. Los animales en la cúspide de la pirámide obtienen energía de otros animales. Reciben la energía que se ha debilitado al pasar de plantas a animales, y de éstos a otros animales. Como los animales en la cúspide de la pirámide reciben menos energía, necesitan comer más para sobrevivir. Un ecosistema quizá pueda sostener sólo unos pocos animales grandes en la cumbre de la pirámide. Los animales en los niveles más bajos de la pirámide obtienen su energía directamente de la fuente (las plantas). Hay más energía en la base de la pirámide. Debido a esto, los animales más pequeños pueden sobrevivir en mayor número que los más grandes.

¡Qué rico! ¡Arbustos!

En una selva, gran parte de la comida de los animales se encuentra en la capa de arbustos. Debido a que la mayoría de las cosas en la naturaleza forman parte de **ciclos** interconectados, muchos arbustos dependen de los animales que los comen para distribuir sus semillas. ¿Cómo hacen esto los animales? Comen los frutos de las plantas, y luego las semillas se diseminan en la selva mediante las heces de los animales. ¡Éstas son el fertilizante propio de la naturaleza!

Estos organismos descomponedores consumen el cadáver del animal y utilizan su energía para vivir.

En todos los ecosistemas verás una cantidad mucho mayor de animales pequeños, como estas hormigas, que de animales grandes.

Pero una pirámide de energía no nos cuenta la totalidad de la historia de la comida, sino que muestra sólo unas pocas plantas y animales. En el intercambio de energía que tiene lugar en un ecosistema participan muchas más plantas y animales. Para ver más, echa un vistazo a una red de alimentación.

Como muestra la red, muchas plantas y animales están fuertemente conectados entre sí. Existe un intercambio de energía entre ellos. Las flechas muestran el flujo de energía.

La verdad es que esta red de alimentación muestra sólo una pequeña parte del intercambio de energía que tiene lugar en una selva. Una red de alimentación completa es mucho más amplia que ésta. Piensa en otros animales y plantas de la selva que conozcas. ¿Qué lugar les corresponde en esta red? ¿De qué manera intercambiarían energía con otras plantas y animales?

La comida rápida de la selva

En la selva, la luz del sol debe atravesar las capas más altas para alcanzar las capas más bajas. Lo hace de modo que hay menos luz solar disponible en el suelo de la selva. Ésta es una de las razones por las que las plantas de baja altura suelen tener una vida más corta. Además, se encuentran muy al alcance de muchos animales. ¡Piensa en ellas como si fueran los restaurantes de comida rápida de la naturaleza!

La red de alimentación en la selva

Este venado y su cría, y el plántula y el árbol, son parte de los ciclos de la vida que se hallan en la selva.

Los ciclos en la naturaleza

En cualquier lugar de la Tierra hallarás una variedad de ciclos naturales. El ciclo del agua, el de las estaciones del año y el ciclo del día y la noche se encuentran entre los más comunes y más fáciles de reconocer. Durante el día observa alrededor. ¿Qué indicios ves de cada uno de estos ciclos?

Los ciclos de la selva

Las pirámides de energía y las redes de alimentación muestran cómo las cosas se conectan entre sí en un ecosistema. Las plantas y los animales se necesitan unos a otros para sobrevivir. Algunas personas llaman a esto el círculo de la vida.

Existen muchos otros círculos o ciclos similares en una selva. Un ciclo es algo que va desde el comienzo hasta el final, y vuelve a comenzar. Se repite una y otra vez. La vida de un animal es parte de un ciclo. Va desde el principio al final. Durante su vida, el animal tiene hijos. De esta manera, el ciclo continúa. Lo mismo sucede con las plantas. La vida de una planta va desde el principio hasta el final, pero la planta crea nuevas plántulas. El ciclo continúa.

Posiblemente sepas mucho acerca de los ciclos de la vida de varios animales. Las ranas comienzan como huevos y luego se convierten en renacuajos. Las orugas se convierten en mariposas. Algunos animales, como los venados, de adultos desarrollan cornamentas.

El ciclo vital de una planta también es interesante, sobre todo el de los árboles. ¡Puedes ver el ciclo de la vida de un árbol simplemente con observarlo de cerca!

Un árbol crece por capas. Cada capa, desde la corteza exterior hasta la médula, tiene una función que cumplir.

La corteza exterior protege al árbol. Evita que el árbol reciba humedad excesiva y también lo protege de los insectos. El alimento circula a través del árbol por medio de la corteza interior. La capa llamada **cámbium** es la que permite al árbol crecer: desarrolla nueva corteza hacia afuera y nueva madera hacia adentro. La corteza y madera nuevas hacen que el árbol se vuelva más grueso cada año.

El agua recorre el árbol hasta las hojas a través de la capa llamada albura. La albura es al mismo tiempo la madera más nueva del árbol. El corazón del árbol se llama duramen. Es el centro fuerte que ayuda a sostener el gran peso del árbol.

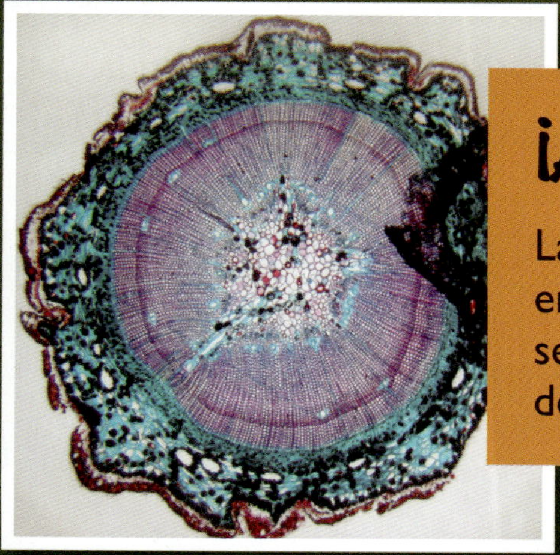

¡Ay, la vida!

Las únicas células vivas en el tronco de un árbol se hallan en la capa denominada **cámbium**.

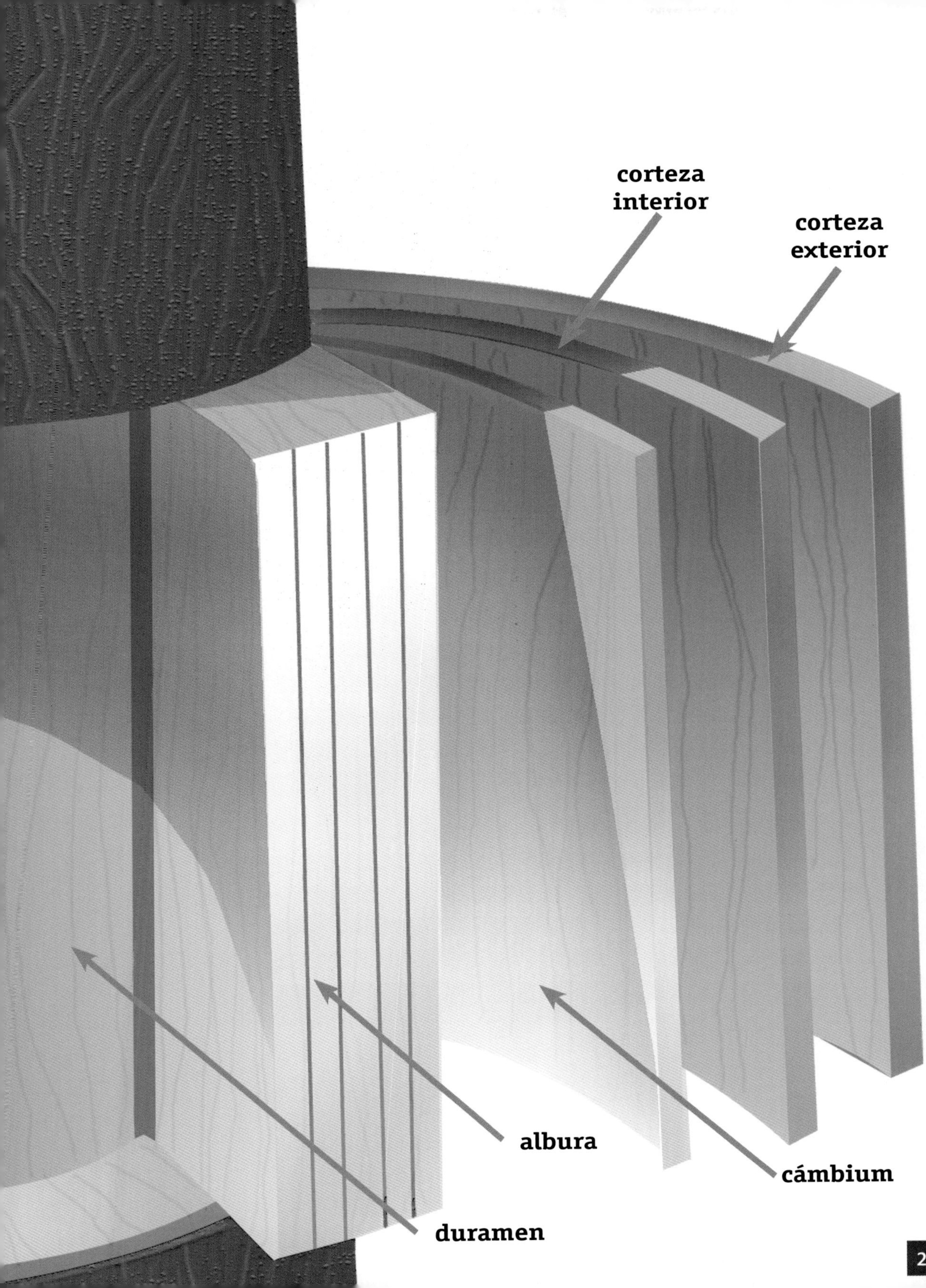
corteza
interior
corteza
exterior
albura
cámbium
duramen

Las capas de un árbol se pueden ver en un corte transversal como el que se muestra aquí. Las capas se llaman anillos.

Si observas de cerca los anillos, podrás ver la historia de la vida del árbol. El centro muestra el primer crecimiento del árbol. Los anillos más gruesos muestran años de crecimiento saludable con abundancia de lluvias y nutrientes. Los anillos más delgados muestran años con menos agua y luz solar. También pueden mostrar enfermedades o problemas causados por insectos. Marcas como cicatrices sobre las que creció nueva madera pueden significar que hubo un incendio en la selva que provocó algún daño en el árbol. Pero el crecimiento siguiente significa que el árbol recuperó la buena salud.

Hay una razón para las tonalidades claras y oscuras en los anillos de un árbol. La madera nueva crece durante la primavera y el verano. En la primavera crece más rápido, y las células son grandes y claras. El crecimiento en verano es más lento. En ese caso, las células son **densas** y oscuras.

A medida que el árbol crece, produce flores y luego semillas. Las semillas caen al suelo. Algunas de las semillas germinan y se convierten en nuevos árboles. Los árboles nuevos tienen nuevos anillos y nuevas historias que contar. El círculo de la vida continúa.

¡Feliz cumpleaños!

Puedes conocer la edad de un árbol si cuentas los anillos oscuros.

Los árboles pueden tener anillos delgados si hay demasiados especímenes en una zona. Algunos árboles atrapan mayor cantidad del agua y la energía solar disponibles. Esto hace que otros árboles crezcan menos.

La gente

La gente puede dañar o ayudar a la selva. La contaminación y la tala excesiva pueden dañarla en forma permanente. Pero las personas también pueden volver a plantar especímenes y proteger y recuperar la selva.

La desolación después de un incendio forestal no dura mucho tiempo. La nueva vida florece tan pronto como puede. La selva siempre tratará de recuperar su buena salud.

Renovación

Uno de los ciclos más sorprendentes en la selva es cómo se renueva a sí misma. Los incendios, las inundaciones, las **sequías** y las tormentas son una parte natural de la vida de la selva, y cada una de estas cosas puede generar cambios en ella.

Los incendios pueden eliminar la vida vegetal de la tierra. Las inundaciones pueden erosionar o desgastar la tierra. Las sequías retrasan el crecimiento y ocasionan que algunas plantas mueran y algunos animales se muden. Las tormentas pueden derribar árboles. Pero la selva tiene formas de manejar todas estas cosas. Poco tiempo después de un incendio comienza a emerger nueva vida del suelo. Cuando las aguas de la inundación retroceden, las plantas y los animales se adaptan al nuevo paisaje. La mayor parte de las sequías termina en algún momento, y el agua regresa a la tierra. Los organismos descomponedores deshacen los árboles caídos, y los nutrientes se incorporan al suelo para que otras plantas los utilicen.

Es casi como si el trabajo de una selva fuera vivir y crecer. El ciclo vital simplemente sigue y sigue.

Laboratorio: Granja de hormigas

Una de las mejores maneras de aprender sobre los ciclos en la naturaleza es mediante su observación. ¡Algunas de las criaturas más pequeñas de la naturaleza tienen las vidas más fascinantes! Las hormigas, por ejemplo, están bien organizadas y trabajan duro durante toda su vida. Puedes construir un terrario para observar cómo viven. Debes tratarlas con respeto. Después de todo, son seres vivos.

Materiales:

- un frasco de vidrio pequeño
- una pecera de vidrio grande
- unas dos docenas de hormigas de la misma colonia
- tierra
- arena
- azúcar y agua
- estopilla
- banda elástica
- papel oscuro o tela oscura y pesada para cubrir la pecera
- cinta adhesiva

Procedimiento:

1. Con cuidado, recoge unas dos docenas de hormigas de la misma colonia. Si no son de la misma colonia, pelearán entre ellas.
2. Coloca el frasco pequeño boca abajo dentro de la pecera.
3. Mezcla la tierra con la arena de forma que quede suelta. Viértela dentro de la pecera.
4. Mezcla un poco de agua con el azúcar. Utiliza un cuentagotas para echar varias gotas de la mezcla sobre la tierra arenosa.

5. Pon las hormigas en la pecera.

6. Cubre la boca de la pecera con estopilla y una banda elástica para evitar que las hormigas se escapen.

7. Envuelve la pecera con el papel oscuro o la tela oscura y fíjala con la cinta adhesiva. Esto hará que las hormigas crean que están en la oscuridad bajo tierra.

8. Coloca la pecera a temperatura ambiental en algún lugar tranquilo. Todos los días, agrega unas gotas de agua a la tierra. Una vez por semana, agrega unas gotas de agua azucarada. (Ahora, simplemente deja caer las gotas de agua o agua azucarada sobre la superficie.)

9. Retira la cubierta oscura todos los día para observar qué hacen las hormigas. A los pocos días, comenzarán a abrir túneles y a construir habitaciones. Cúbrelas de nuevo enseguida para no molestarlas.

10. Escribe lo que observes. ¿Qué aprendiste acerca de las hormigas?

Glosario

bioma—comunidad compleja que se caracteriza por tener un clima, una vegetación y animales en común

caducifolia—tipo de selva templada en la cual los árboles mudan las hojas todos los años

cámbium—la capa viviente de un árbol que genera nueva corteza y nueva madera

ciclo—secuencia de sucesos que se repite periódicamente

coníferas—tipo de selva templada donde crecen árboles con frutos en forma de cono y hojas perennes

consumidores—organismos que comen o toman nutrientes de otros organismos

densa—compacta

ecosistema—región geográfica donde las plantas, los animales, la tierra y el clima se relacionan entre sí

fauna—vida animal

fértil—con capacidad para permitir el crecimiento de vida nueva

flora—vida vegetal

hongos—organismos simples que descomponen y absorben la materia de los organismos en los cuales viven

líquenes—hongos que crecen sobre las rocas y los troncos de los árboles

organismos descomponedores—organismos que descomponen otros organismos

selva—una gran extensión de tierra cubierta de árboles y arbustos

sequía—lapso en el cual una gran extensión de tierra no recibe agua o recibe muy poca

tala comercial—el proceso o el negocio de cortar árboles y llevarlos hasta un aserradero para su manufactura

templada—tipo de selva marcada por temperaturas generalmente frescas y moderadas

Índice

Científicos de ayer y de hoy

John Muir
(1838–1914)

John Muir nació en Escocia. Siempre amó el mundo natural. En su juventud, estudió en la *universidad de la naturaleza* Aprendió observando las cosas por sí mismo. Viajó al valle de Yosemite en California para explorar la naturaleza en ese lugar. Quería proteger el valle para el futuro, de manera que ayudó a convertirlo en un parque nacional. También participó en la formación del Sierra Club, un grupo que se dedica a proteger la naturaleza.

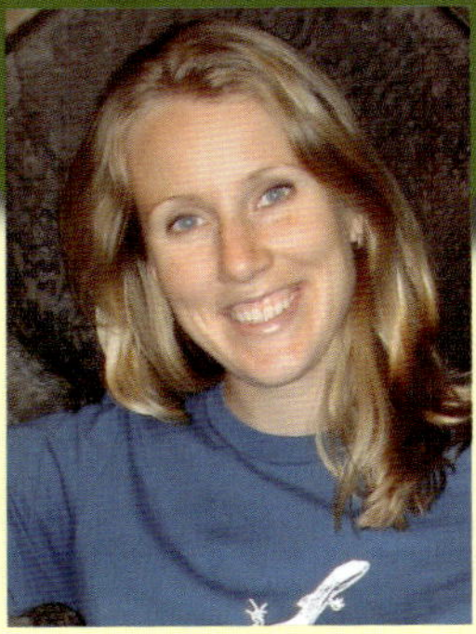

Jessica L. Deichmann
(1980–)

Jessica Deichmann es ecóloga. Estudia la naturaleza y el medio ambiente. En especial le apasiona aprender sobre ranas, lagartos y serpientes. Viaja mucho para observar a estas criaturas en su medio ambiente natural. También enseña cómo ayudar a proteger a los animales. Jessica hace todo lo que está a su alcance para proteger la vida silvestre ahora y para el futuro.

Créditos de las imágenes

Portada: Achilles/Dreamstime; p.1: Achilles/Dreamstime; p.4: irin-k/Shutterstock; p.4-5: Steffen Foerster Photography/Shutterstock; p.6-7(abajo): Cartesia/LKPalmer; p.7: R. S. Ryan/ Shutterstock; p.8: Robyn Mackenzie/Shutterstock; p.9: Kelly Brownlee; p.10: esemelwe/iStockphoto; p.10-11: (arriba izquierda) Steve y Dave Maslowski/Photo Researchers, Inc.; p.10-11: (abajo izquierda): Steve y Dave Maslowski/Photo Researchers, Inc.; p.10-11 (arriba derecha): Steve y Dave Maslowski/Photo Researchers, Inc.; p.10-11 (abajo derecha): Steve y Dave Maslowski/Photo Researchers, Inc.; p.12: Dhoxax/Shutterstock; p.13 (arriba izquierda): Henk Bentlage/Shutterstock; p.13(arriba derecha): Dmitry Naumov/Shutterstock; p.13 (abajo): Verena Lüdemann/Shutterstock; p.14: John Czenke/Shutterstock; p.15 (arriba): wheatley/Shutterstock; p.15 (abajo): Ablestock y Shutterstock; p.16-17 (arriba): Nature Source/Photo Researchers, Inc. p.16-17 (abajo): Kenneth H. Thomas/Photo Researchers, Inc.; p.18-19: Shutterstock; p.20 (arriba izquierda): Maksym Gorpenyuk/Shutterstock; p.20 (arriba derecha): dpaint/Shutterstock; p.20-21 (arriba): Smit/Shutterstock; p.20-21(abajo): Luca Flor/ Shutterstock; p.22: Jubal Harshaw/Shutterstock; p.22-23: Kelly Brownlee; p.24-25: Zastol`skiy Victor Leonidovich/Shutterstock; p.25: irin-k/Shutterstock; p.26: Roger Rosentreter/Shutterstock; p.26-27 (abajo): Steven Robertson/iStockphoto; p.26-27 (abajo): Newscom; p.29: Nicolle Rager Fuller; p.32 (izquierda): The Granger Collection, New York; p.32 (derecha): Cortesía de Jessica L. Deichmann.